2in1

Französische Grammatik

zum Nachschlagen

Schroedel

2in1 Französische Grammatik
zum Nachschlagen

Diethard Lübke

Nach gültiger Rechtschreibung 2006

ISBN 978-3-507-22288-5
alt: 3-507-22288-4

Druck 1/Jahr 2006

Umschlagg: Janssen Kahlert Design & Kommunikation, Hannover
Illustrationen: Thies Schwarz, Hannover
Gesamtherstellung: imprint, Zusmarshausen

Inhaltsverzeichnis

So funktioniert 2in1 zum Nachschlagen

Wichtige Wörterlisten stehen auf gelben Zetteln. Du solltest diese Wörter unbedingt lernen.

Die Überschrift sagt dir, worum es geht

- ▸ Die Regeln, die du lernen solltest, stehen auf gelbem Hintergrund – manchmal mit Beispielen als Erklärung.
- ▸ Merksätze, die hinter dem blauen Dreieck stehen, sind wichtig. Du solltest sie so oft lesen, bis du sie wirklich verstanden hast. Beispiele helfen dir dabei.
- ▸ Rot gedrucktes ist es meist besonders wichtig oder es beschreibt eine Ausnahme zur Regel. Hier ganz besonders aufpassen!

Die Beispiele, die zu einer Regel oder einem Merksatz gehören, findest du auf weißem Hintergrund, direkt daneben oder darunter.
Mit Hilfe der Beispiele kannst du besser verstehen, was eine Regel aussagt.
Das, worauf du besonders achten musst, ist **fett gedruckt**.

1 Das Nomen – Genus *(Le nom – le genre grammatical)*

Grundregel

- Alle Nomen (Substantive, Hauptwörter) haben ein grammatisches Geschlecht. Sie sind entweder **männlich *(masculin)*** oder **weiblich *(féminin)***.
- Ein Neutrum gibt es bei französischen Nomen nicht!

le *père*	der Vater
la *mère*	die Mutter
le *fils*	der Sohn
la *fille*	die Tochter
le *coq*	der Hahn
la *poule*	die Henne
le *jardin*	der Garten
la *fleur*	die Blume

Nomen auf *-age* und *-ège*

- Die Nomen auf *-age* und *-ège* sind männlich. (Im Gegensatz zum Deutschen!)

le *garage*	die Garage
le *reportage*	die Reportage
le *passage*	die Passage
le *manège*	die Manege
Ausnahmen:	
la cage	der Käfig
la page	die Seite
la plage	der Strand
une image	ein Bild

Nomen auf *-eur*

- Wenn diese Nomen etwas Konkretes bezeichnen, sind sie männlich.
- Wenn diese Nomen etwas Abstraktes (nur Gedachtes) bezeichnen, sind sie weiblich.

le *directeur*	der Direktor
le *moteur*	der Motor
la *douleur*	der Schmerz
la *terreur*	der Schrecken
Ausnahmen:	
le bonheur	das Glück
le malheur	das Unglück
un honneur	eine Ehre

Autos

- Alle Namen von Automarken sind weiblich. (Im Gegensatz zum Deutschen!)

la *voiture*, **une** *auto*, **la** *Renault*, **la** *Mercédès*, **une** *Opel*, **la** *Volkswagen*

Ländernamen

- Die meisten Ländernamen sind weiblich.

la *France*, **la** *Belgique*, **la** *Suisse*
Ausnahmen:
le Canada, le Danemark, le Japon, le Luxembourg, le Mexique, le Portugal, le Pérou …

Nomen, die im Französischen und Deutschen ähnlich klingen – mit unterschiedlichem Genus

le *beurre*	die Butter
le *chocolat*	die Schokolade
le *cigare*	die Zigarre
le *citron*	die Zitrone
le *contrôle*	die Kontrolle
un *épisode*	eine Episode
le *fruit*	die Frucht
le *groupe*	die Gruppe
le *melon*	die Melone
le *million*	die Million
le *nez*	die Nase
le *nombre*	die Nummer
le *parti*	die Partei
le *rôle*	die Rolle
la *danse*	der Tanz
la *dispute*	der Disput
la *forêt*	der Forst
la *place*	der Platz
la *planète*	der Planet
la *salade*	der Salat
la *valse*	der Walzer
la *vitamine*	das Vitamin
la *bière*	das Bier
la *croix*	das Kreuz
la *date*	das Datum
la *mer*	das Meer
la *photo*	das Foto
la *radio*	das Radio

Einige Nomen mit unterschiedlichem Genus und unterschiedlicher Bedeutung

le *livre*	das Buch
la *livre*	das Pfund
le *manche*	der Stiel
la *manche*	der Ärmel
le *mort*	der Tote
la *mort*	der Tod
le *tour*	die Tour
la *tour*	der Turm
le *vase*	die Vase
la *vase*	der Schlamm

2 Das Nomen – Singular und Plural *(Le nom – singulier et pluriel)*

Grundregel

▸ Die meisten Nomen haben im Plural (Mehrzahl) die Endung ***-s***.

un élève	ein Schüler	*deux élève**s***	zwei Schüler
une école	eine Schule	*deux école**s***	zwei Schulen
un livre	ein Buch	*cinq livre**s***	fünf Bücher

Nomen auf *-s, -x, -z*

▸ Es gibt Nomen, die bereits im Singular auf *-s, -x, -z* enden. Sie bekommen im Plural kein weiteres *-s*.

*un fil**s***	ein Sohn	*deux fil**s***	zwei Söhne
*un pay**s***	ein Land	*tous les pay**s***	alle Länder
*le pri**x***	der Preis	*les pri**x***	die Preise
*le ne**z***	die Nase	*les ne**z***	die Nasen

Nomen auf *-au, -eau, -al, -eu*

▸ Diese Nomen bekommen im Plural die Endung *-x*.

le bureau	das Büro	*les bureau**x***	die Büros
le morceau	das Stück	*les morceau**x***	die Stücke
le journal	die Zeitung	*les journau**x***	die Zeitungen
le feu	das Feuer	*les feu**x***	die Feuer
Ausnahme:			
le pneu	der Reifen	*les pneus*	die Reifen

Preisangaben, Uhrzeit

▸ Im Deutschen steht bei Preisangaben und Uhrzeiten immer nur der Singular; im Französischen jedoch der Plural.

un euro	ein Euro	*cinq euro**s***	fünf Euro
un dollar	ein Dollar	*cinq dollar**s***	fünf Dollar
une heure	eine Stunde	*à dix heure**s***	um zehn Uhr

Wichtige Sonderformen

monsieur	mein Herr
messieurs [mɛsjø]	meine Herren
madame	meine Dame
mesdames [medam]	meine Damen
le bœuf	der Ochse
les bœufs [bø]	die Ochsen
l'œuf	das Ei
les œufs [ø]	die Eier
l'œil	das Auge
les yeux [jø]	die Augen
le travail	die Arbeit
les travaux	die Arbeiten
le bijou	das Schmuckstück
les bijoux	die Schmuckstücke
le caillou	der Kieselstein
les cailloux	die Kieselsteine
le genou	das Knie
les genoux	die Knie

3 Der Artikel *(L'article)*

Grundregel

- Die beiden bestimmten Artikel sind *le* (*masculin*) und *la* (*féminin*), im Plural *les* (für beide grammatische Geschlechter).
- Die beiden unbestimmten Artikel sind *un* (*masculin*) und *une* (*féminin*), im Plural *des* (für beide grammatische Geschlechter).

Singular	Plural
le, la (l')	*les*
un, une	*des*

***le** touriste* ... der Tourist
***un** touriste* ... ein Tourist

***le** voyage* ... die Reise
***un** voyage* ... eine Reise

***la** photo* ... das Foto
***une** photo* ... ein Foto

***les** touristes* ... die Touristen
***des** touristes* ... Touristen

***les** voyages* ... die Reisen
***des** voyages* ... Reisen

***les** photos* ... die Fotos
***des** photos* ... Fotos

Sonderform des bestimmten Artikels: *l'*

- Vor Wörtern, die mit Vokal oder stummem *h* beginnen, steht statt *le, la* immer nur *l'*.

***l'**Allemagne* ... Deutschland
***l'**eau* ... das Wasser
***l'**océan* ... der Ozean
***l'**hôtel* ... das Hotel
***l'**homme* ... der Mensch
***l'**autre monsieur* ... der andere Herr
***l'**ancien directeur* ... der ehemalige Direktor

des

- Im Gegensatz zum Deutschen gibt es im Französischen einen Plural des unbestimmten Artikels: *des*. Er drückt eine unbestimmte Anzahl aus.

*un hôtel, deux hôtels ... **des** hôtels* ... ein Hotel, zwei Hotels ... Hotels
*une valise, deux valises ... **des** valises* ... ein Koffer, zwei Koffer ... Koffer

à + bestimmter Artikel

- *à* + *le* ergibt *au*, *à* + *les* ergibt *aux*.
  (*à la* und *à l'* werden nicht ersetzt.)

*Je vais téléphoner **au** directeur.* ... Ich werde mit dem Direktor telefonieren.
*Je vais téléphoner **à l'**école.* ... Ich werde mit der Schule telefonieren.
*Je vais téléphoner **aux** amis.* ... Ich werde mit den Freunden telefonieren.

Singular	Plural
au, à la	*aux*
du, de la	*des*

de + bestimmter Artikel

- *de* + *le* ergibt *du*, *de* + *les* ergibt *des*.
  (*de la* und *de l'* werden nicht ersetzt.)

*On a parlé **du** temps.* ... Wir haben über das Wetter gesprochen.
*On a parlé **de la** pluie.* ... Wir haben über den Regen gesprochen.
*On a parlé **des** vacances.* ... Wir haben über die Ferien gesprochen.

Artikel + Tageszeit/Wochentag

- *le matin* ... bedeutet „jeden Morgen".
  le dimanche ... bedeutet „jeden Sonntag".

***le** soir (= tous les soirs)* ... jeden Abend
***le** lundi (= tous les lundis)* ... jeden Montag

Titel

- Der bestimmte Artikel steht zwischen *monsieur*/*madame* und dem Titel.

*Monsieur **le** Ministre* ... Herr Minister
*Madame **le** Maire* ... Frau Bürgermeister

4 Der Teilungsartikel und das partitive *de* (*L' article partitif et le « de » partitif*)

Grundregel

- Den „Teilungsartikel" gibt es nur im Französischen, nicht im Deutschen.
- Der Teilungsartikel bezeichnet eine **unbestimmte Menge**. (Im Deutschen gebraucht man zur Bezeichnung einer unbestimmten Menge das Nomen ohne Artikel.)

Formen:
- Maskulinum: ***du***
- Femininum: ***de la***
- Vor Vokal und stummem h: ***de l'***

Pour faire des crêpes,	Um Crêpes zu machen,
il faut	braucht man
***de la** farine,*	Mehl,
***du** sucre,*	Zucker,
***du** sel,*	Salz,
***de l'**eau,*	Wasser,
***de l'**huile …*	Öl …

(Die genauen Mengen sind noch nicht festgelegt.)

Mengenangaben

- Nach Mengenangaben steht nicht der Teilungsartikel, sondern nur das partitive *de*. (Mengenangaben sind zum Beispiel: *beaucoup, peu, plus, assez, un kilo.*)
- Ausnahme: Nach den Mengenangaben ***la plupart*** und ***la moitié*** steht ***du, de la*** oder ***des***.

*500 grammes **de** farine,*	500 Gramm Mehl,
***beaucoup de** sucre,*	viel Zucker,
*un **peu de** sel.*	wenig Salz.
***la plupart des** raisins*	die meisten Weintrauben
***la moitié du** beurre*	die Hälfte der Butter

Verneinung

- Nach Verneinungen steht nicht der Teilungsartikel, sondern nur das partitive *de*.
- Ausnahme: Wenn ***être*** verneint wird, steht ***du, de la*** oder ***des***.

Dans les crêpes	In den Crêpes
*il **n'**y a **pas de** viande.*	ist kein Fleisch.
*On **ne** prend **pas de** vinaigre.*	Man braucht keinen Essig.
C'est du vin,	Das ist Wein,
*ce **n'**est **pas du** vinaigre.*	das ist nicht Essig.

„Brauchen"

- Wie ist „brauchen" ins Französische zu übersetzen? Mit drei Wörtern: *avoir besoin de*

Ich brauche dein Wörterbuch.	*J'**ai besoin de** ton dictionnaire.*
Sie braucht Geld.	*Elle **a besoin d'**argent.*

Es gibt viele Redewendungen, die keinen Teilungsartikel haben.

avoir faim	Hunger haben
avoir soif	Durst haben
avoir peur (de faire qc)	Angst haben
avoir raison	Recht haben
avoir tort	Unrecht haben
avoir envie (de faire qc)	Lust haben
avoir honte (de faire qc)	sich schämen
demander conseil (à qn)	um Rat fragen
demander pardon (à qn)	um Verzeihung bitten
faire attention (à qc)	aufpassen
faire partie (de qc)	gehören (zu)
faire peur	Angst machen
faire plaisir	Spaß machen
faire preuve (de qc)	unter Beweis stellen
mettre fin (à qc)	beenden
perdre courage	den Mut verlieren
perdre patience	die Geduld verlieren
porter bonheur	Glück bringen
porter malheur	Unglück bringen
prendre part (à qc)	teilnehmen
prendre place	Platz nehmen
prendre position	Stellung nehmen
rendre justice	Gerechtigkeit erweisen
rendre service	einen Dienst erweisen
se rendre compte (de qc)	sich klar werden

5 Das Personalpronomen – Subjektpronomen *(Le pronom personnel – sujet)*

Grundregel

- Das Personalpronomen steht für ein Nomen, das man nicht wiederholen will.
- Wenn das Personalpronomen das Subjekt im Satz ist, nennt man es Subjektpronomen.

Singular	Plural
je	*nous*
tu	*vous*
il, elle	*ils, elles*
moi	*nous*
toi	*vous*
lui, elle	*eux, elles*

***Julie** a téléphoné.*	Julia hat telefoniert.
***Elle** a téléphoné.*	Sie hat telefoniert.
***Elle** a dit*	Sie hat gesagt,
*qu'**elle** ne viendra pas ce soir.*	dass sie heute Abend nicht kommt.

Höflichkeitsform

- Die „Höflichkeitsform" ist im Französischen ***vous***.

*S'il **vous** plaît …*	*Wenn es Ihnen gefällt …/Bitte …*
*Que désirez-**vous**, monsieur?*	*Was wünschen Sie, mein Herr?*
*Que dites-**vous**, madame?*	*Was sagen Sie, meine Dame?*

on

- Statt *nous* wird oft ***on*** (man) verwendet.

***On** est fatigué. (= Nous sommes fatigués.)*	Wir sind müde.
***On** a faim. (= Nous avons faim.)*	Wir haben Hunger.

moi, toi, lui …

- Diese Personalpronomen werden zum Beispiel verwendet, wenn sie allein stehen (ohne Verb) oder zur Betonung.

*Qui a frappé? – **Moi**.*	Wer hat geklopft? – Ich.
*Qui a perdu les clefs? – **Toi**?*	Wer hat die Schlüssel verloren? – Du?
***Moi**, je n'ai rien perdu.*	**Ich** habe nichts verloren.
***Lui**, il est venu tout seul.*	**Er** ist ganz allein gekommen.

ce, il, cela (= es)

- Das deutsche Pronomen „es" wird im Französischen übersetzt mit *ce, il, cela*.
  Dabei sind folgende Regeln zu beachten:
  - ***ce*** steht vor *être*.
  - ***il*** steht jedoch vor *être*, wenn Adjektiv + Infinitiv folgen.
    il steht jedoch vor *être*, wenn ein *que*-Satz folgt.
  - ***il*** steht vor allen unpersönlichen Verben.
    (Sie können nur mit „es" gebildet werden, nicht mit „ich, du …")
  - ***cela*** steht sonst.

***C'est** vrai. **C'est** normal.*	Das ist wahr. Das ist normal.
***C'est** un plaisir.*	Es ist ein Vergnügen.
***Il est facile** de **dire** non.*	Es ist einfach, „nein" zu sagen.
***Il est vrai que** Julie est en vacances?*	Ist es wahr, dass Julia im Urlaub ist?
***il** faut attendre, **il** y a une erreur*	man muss warten, es gibt einen Irrtum
***il** pleut, **il** neige*	es regnet, es schneit
***Cela** vous intéresse?*	Es interessiert Sie?
***Cela** me plaît beaucoup.*	Es gefällt mir sehr.

6 Das Personalpronomen – Objektpronomen *(Le pronom personnel – objet)*

Grundregel

- Das Personalpronomen kann auch für Nomen stehen, die **Objekt** sind.
  Im Französischen gibt es zwei verschiedene Objekte:
  - **Direkte** Objekte: Das Objekt steht direkt hinter dem Verb.
  - **Indirekte** Objekte: Zwischen Verb und Objekt steht die Präposition *à*.
- Entsprechend gibt es direkte und indirekte Objektpronomen.

Direkte Objektpronomen		Indirekte Objektpronomen	
Singular	**Plural**	**Singular**	**Plural**
me	*nous*	*me*	*nous*
te	*vous*	*te*	*vous*
le, la	*les*	*lui*	*leur*

Tu connais ***Jean-Pierre****?* .... Kennst du Jean-Pierre?
Oui, je ***le*** *connais.* .... Ja, ich kenne ihn.
(= direktes Objektpronomen)

Tu as téléphoné ***à Jean-Pierre****?* .... Hast du mit Jean-Pierre telefoniert?
Oui, je ***lui*** *ai téléphoné.* .... Ja, ich habe mit ihm telefoniert.
(= indirektes Objektpronomen)

Beachte:
lui bedeutet: **ihm** und **ihr**

Je ***lui*** *dis bonjour.* ↗ Ich sage **ihm** guten Tag. ↘ Ich sage **ihr** guten Tag.

Mehrere Objektpronomen

- Es kommt vor, dass mehrere Objektpronomen im Satz vorkommen.
  Dann stehen die indirekten Objektpronomen *(me, te, se, nous, vous)* vor den direkten Objektpronomen *(le, la, les)* und diese vor den indirekten Objektpronomen *(lui, leur)*.

me		
te	*le*	
se	*la*	*lui, leur*
nous	*les*	
vous		

Je ***le lui*** *demande.* .... Ich frage es ihn.
Il ***me le*** *dit.* .... Er sagt es mir.
Je ***vous le*** *conseille.* .... Ich rate es Ihnen.

Stellung der Objektpronomen im Satz (die wichtigsten Regeln)

- Das Objektpronomen steht
  - vor dem Verb,
  - vor dem Infinitiv
  - hinter dem Imperativ. (Statt *me, te* verwendet man *moi, toi.*)
- Wenn hinter dem Verb eine andere Präposition als *à* steht, rückt das Objektpronomen hinter die Präposition. (Man verwendet: *moi, toi, lui, elle, nous, vous, eux, elles.*)

Je ***le vois****. Je* ***l'ai*** *vu.* .... Ich sehe ihn. Ich habe ihn gesehen.
Elle ne ***me voit*** *pas.* .... Sie sieht mich nicht.

Je veux ***la voir****.* .... Ich will sie sehen.
Je vais ***la rencontrer****.* .... Ich werde sie treffen.

Donne-moi *le journal.* .... Gib mir die Zeitung.

Tu viendras ***chez moi****?* .... Kommst du zu mir?
Je viendrai ***avec lui****?* .... Ich komme mit ihm?

Beachte die Redewendungen

Ce vélo est à moi. .... Dieses Fahrrad gehört mir.
Je pense à elle. .... Ich denke an sie.
Je l'entends chanter. .... Ich höre sie singen.
Je le vois venir. .... Ich sehe ihn kommen.
Je le laisse entrer. .... Ich lasse ihn hereinkommen.
Je lui propose de sortir. .... Ich schlage ihr vor auszugehen.

7 Das Demonstrativpronomen *(L'adjectif démonstratif/le pronom démonstratif)*

Grundregel

- Das Französische unterscheidet das *adjectif démonstratif* (es steht vor einem Nomen) und das *pronom démonstratif* (es steht allein).
- Beachte: Vom *adjectif démonstratif* gibt es im Plural nur eine Form: ***ces***

L'adjectif démonstratif		*Le pronom démonstratif*	
Singular	**Plural**	**Singular**	**Plural**
ce (cet)	*ces*	*celui(-ci)*	*ceux(-ci)*
cette		*celle(-ci)*	*celles(-ci)*
		ceci	

ce *monsieur* .... dieser Herr
cette *dame* .... diese Dame
ces *films* .... diese Filme
ces *émissions* .... diese Sendungen
celui-ci *me plaît* .... dieser gefällt mir
ce monsieur → ***ces** messieurs*
cette dame → ***ces** dames*

Sonderform: *cet*

- Vor Wörtern, die mit Vokal oder stummem *h* beginnen, steht statt *ce* immer *cet*.

cet *ami* .... dieser Freund
cet *homme* .... dieser Mann
cet *ancien ministre* .... dieser ehemalige Minister

celui/celui-ci

- *celui* steht ohne *-ci* oder *-là*,
  - wenn eine Ergänzung mit *de* folgt oder
  - wenn ein Relativsatz folgt.

  Sonst steht *celui* immer mit *-ci* oder *-là*.

À qui est le vélo? .... Wem gehört das Fahrrad?
*C'est **celui de** Lara.* .... Es ist das von Lara.

***Ceux qui** étaient là …* .... Diejenigen, die da waren …
*C'est **celle que** je connais.* .... Das ist diejenige, die ich kenne.

Tu connais quelqu'un? .... Kennst du jemanden?
*Oui, **celui-ci** est Marc.* .... Ja, dieser ist Mark.

ceci/cela

- *ceci* und *cela* werden ohne Bindestrich geschrieben. (Beim Sprechen verwendet man für *cela* nur *ça*.)

***Ceci** me plaît, **cela** pas.* .... Dies gefällt mir, das nicht.
*„**Ça** ne me plaît pas du tout."* .. „Das gefällt mir gar nicht."

Sonderfall: ce + Tageszeit

ce *matin* .... **heute** Morgen
cet *après-midi* .... **heute** Nachmittag
ce *soir* .... **heute** Abend …

8 Das Possessivpronomen *(L'adjectif possessif)*

Grundregel

- Das Possessivpronomen weist auf den Besitzer hin.
- Es steht vor dem Nomen und richtet sich nach dem Geschlecht (*féminin, masculin*) des Nomens.
- Die Höflichkeitsformen sind ***votre, vos***.

Ein Besitzer	Mehrere Besitzer
mon, ma, mes	*notre, nos*
ton, ta, tes	*votre, vos*
son, sa, ses	*leur, leurs*

mon *chien*	mein Hund	***ma*** *voiture*	mein Auto	***mes*** *amis*	meine Freunde
ton *chien*	dein Hund	***ta*** *voiture*	dein Auto	***tes*** *amis*	deine Freunde
son *chien*	sein/ihr Hund	***sa*** *voiture*	sein/ihr Auto	***ses*** *amis*	seine/ihre Freunde
notre *chien*	unser Hund	***notre*** *voiture*	unser Auto	***nos*** *amis*	unsere Freunde
votre *chien*	euer/Ihr Hund	***votre*** *voiture*	euer/Ihr Auto	***vos*** *amis*	eure/Ihre Freunde
leur *chien*	ihr Hund	***leur*** *voiture*	ihr Auto	***leurs*** *amis*	ihre Freunde

Sonderformen

- Vor Wörtern, die mit Vokal oder stummem *h* beginnen, steht statt *ma, ta, sa* immer *mon, ton, son.*

mon a*mie*	meine Freundin
ton a*dresse*	deine Adresse
son a*ncienne femme de ménage*	seine ehemalige Putzfrau

son, sa, ses

- Diese Possessivpronomen haben zwei Bedeutungen:
  sein/seine und ihr/ihre, je nachdem ob der Besitzer männlich oder weiblich ist.

son *chien*	sein Hund / ihr Hund
sa *voiture*	sein Auto / ihr Auto
ses *amis*	seine Freunde / ihre Freunde

leur, leurs

- *leur/leurs* gebraucht man, wenn mehrere Besitzer vorhanden sind.
- *leur* zeigt an, dass **ein** gemeinsamer Besitz vorhanden ist.
- *leurs* zeigt an, dass **mehrere** gemeinsame Besitze vorhanden sind.

Marc, Julie et ***leur*** *ami Paul*	Mark, Julia und ihr Freund Paul
Marc, Julie et ***leurs*** *amis*	Mark, Julia und ihre Freunde
les parents et ***leur*** *fille*	die Eltern und ihre Tochter
les parents et ***leurs*** *deux filles*	die Eltern und ihre beiden Töchter

Julie aime les animaux.

Voilà ***son*** *chien …*
(**ihr** Hund)

son *chat …*
(**ihre** Katze)

et ***son*** *canari.*
(**ihr** Kanarienvogel)

9 Das Relativpronomen *(Le pronom relatif)*

Grundregel

- Das Relativpronomen verbindet den Relativsatz mit seinem Beziehungswort (Nomen oder Pronomen).
- Die beiden häufigsten Relativpronomen sind *qui* und *que*.
  qui ist das **Subjekt** im Relativsatz.
  que ist das **Objekt** im Relativsatz.

qui (Subjekt)
que (Objekt)

*Regarde cette photo **qui** est belle.* — Sieh dieses Foto, das hübsch ist.
(*qui* ist Subjekt)
*Regarde cette photo **que** j'ai prise.* — Sieh dieses Foto, das ich gemacht habe.
(*que* ist Objekt – *je* ist Subjekt)
*Tu me montres les autres photos **que** tu as prises?* — Zeigst du mir die anderen Fotos, die du gemacht hast?
(*que* ist Objekt – *tu* ist Subjekt)

Sonderformen

Vom Relativpronomen gibt es viele Sonderformen, wenn eine Präposition (*à, de, avec, sur* …) vorausgeht.

- *à* + Relativpronomen
- Ausnahme:
  Wenn sich das Relativpronomen auf eine Person bezieht, verwendet man *à qui*.

	Singular	Plural
M	*auquel*	*auxquels*
F	*à laquelle*	*auxquelles*

*Ce bon dictionnaire **auquel** je pense …* — Dieses gute Wörterbuch, an das ich denke …
*Une émission **à laquelle** je m'intéresse …* — Eine Sendung, für die ich mich interessiere …
*C'est le directeur **à qui** tu as parlé?* — Ist das der Direktor, mit dem du gesprochen hast?

- *de* + Relativpronomen

dont

*Tu connais le film **dont** on parle maintenant?* — Kennst du den Film, über den man jetzt spricht?
*Voici le dictionnaire **dont** j'ai besoin.* — Hier ist das Wörterbuch, das ich brauche.

- sonstige Präposition + Relativpronomen (sonstige Präpositionen sind zum Beispiel *sur, avec, pour, pendant* …)

	Singular	Plural
M	*sur lequel*	*sur lesquels*
F	*sur laquelle*	*sur lesquelles*

*Le projet **pour lequel** je me suis décidé …* — Der Plan, für den ich mich entschieden habe …
*Voici l'ordinateur **avec lequel** je travaille.* — Hier ist der Computer, mit dem ich arbeite.

- Wenn das Beziehungswort *quelque chose* oder *rien* ist und eine Präposition folgt, steht *quoi*.

quoi

*C'est **quelque chose de quoi** je m'occuperai.* — Das ist etwas, womit ich mich beschäftigen werde.
*C'est **rien de quoi** je m'intéresserais.* — Das ist nichts, was mich interessieren würde.

- Wenn sich der Relativsatz auf kein bestimmtes Wort des übergeordneten Satzes bezieht, gebraucht man
  – auf Deutsch „was",
  – auf Französisch *ce qui* (Subjekt), *ce que* (Objekt).

ce qui (Subjekt)
ce que (Objekt)

*Dis-moi **ce qui** t'intéresse.* — Sag mir, was dich interessiert.
*Je vais te raconter **ce que** j'ai vu et entendu.* — Ich werde dir erzählen, was ich gesehen und gehört habe.
(*je* ist Subjekt)

10 *tout, chaque, chacun*

tout

- *tout* kann vor einem Nomen stehen. Die Formen sind *tout le* (der ganze), *toute la* (die ganze), *tous les* (alle), *toutes les* (alle).

	vor einem Nomen	
	Singular	**Plural**
M	*tout le*	*toutes les*
F	*toute la*	*toute la*

tout le *dictionnaire* ... das ganze Wörterbuch
toute la *grammaire* ... die ganze Grammatik
tous les *exemples* ... alle Beispiele
toutes les *exceptions* ... alle Ausnahmen

- *tout* kann auch **allein** im Satz stehen. Die Formen sind: *tous* (alle), *toutes* (alle), *tout* (alles).

	allein im Satz
M	*tous* [tus]
F	*toutes*
	tout

Les amis? ***Tous*** *sont là.* ... Die Freunde? Alle sind da.
Les filles? Je les connais ***toutes****.* ... Die Mädchen? Ich kenne sie alle.
Tout *est préparé.* ... Alles ist vorbereitet.
J'ai ***tout*** *préparé.* ... Ich habe alles vorbereitet.

Redewendungen mit *tout*

tout *de suite* ... sofort
tout *à l'heure* ... vorhin/bald
en ***tout*** *cas* ... auf jeden Fall

Nach ***tout le monde*** (alle) steht das Verb im Singular.
Tout le monde ***est*** *venu.*
Alle sind gekommen.
Tout le monde ***a*** *compris?*
Haben alle verstanden?

tout + Demonstrativpronomen/Possessivpronomen

- Zwischen *tout* und dem Nomen kann auch ein Demonstrativpronomen oder ein Possessivpronomen stehen.

toutes ces *préparations* ... alle diese Vorbereitungen
tous mes *amis* ... alle meine Freunde
toute sa *vie* ... ihr ganzes Leben

tout + Relativsatz

- Wenn an ein allein stehendes *tout* ein Relativsatz angefügt werden soll, steht *tous ceux, toutes celles, tout ce.*

Tous ceux *qui sont venus …* ... Alle die gekommen sind …
J'ai compris ***tout ce*** *qu'il a dit.* ... Ich habe alles verstanden, was er gesagt hat.

chaque, chacun

- *chaque* (jeder/jede) steht vor dem Nomen. Es gibt nur eine Form.

	vor einem Nomen
M/F	*chaque*

chaque *jour* ... jeden Tag
chaque *nuit* ... jede Nacht

- *chacun/chacune* stehen allein.

	allein im Satz
M	*chacun*
F	*chacune*

chacun *de nous* ... jeder von uns
chacune *est contente* ... jede ist zufrieden

Beachte die Schreibung:
chacun – chacune
aber:
*quel****qu'****un – quel****qu'****une*

Tout le monde s'amuse très bien.

11 Das Adjektiv – Veränderlichkeit *(L'adjectif – l'accord)*

Grundregel

- Jedes Akjektiv hat im Französischen vier Formen:
  Maskulinum Singular: **keine Eindung**
  Femininum Singular: **Endung -*e***
  Maskulinum Plural: **Endung -*s***
  Femininum Plural: **Endung -*es***

	Singular	Plural
M	–	*-s*
F	*-e*	*-es*

un grand garçon ... ein großer Junge
*une grand**e** fille* ... ein großes Mädchen
*des grand**s** arbres* ... große Bäume
*des grand**es** maisons* ... große Häuser

Besonderheiten

- Es gibt viele Adjektive, die im Singular Maskulinum die Endung **-*e*** haben. Maskulinum und Femininum unterscheiden sich dann nicht:
  aimable (beliebt), *agréable* (angenehm), *aveugle* (blind), *calme* (ruhig), *capable* (fähig), *célèbre* (berühmt), *confortable* (bequem), *difficile* (schwierig), *énorme* (enorm), *facile* (leicht), *faible* (schwach), *fidèle* (treu), *formidable* (toll), *gauche* (linke), *habile* (geschickt), *jaune* (gelb), *jeune* (jung), *juste* (gerecht), *large* (groß), *libre* (frei), *logique* (logisch), *magnifique* (herrlich), *malade* (krank), *moderne* (modern), *nécessaire* (notwendig), *pauvre* (arm), *possible* (möglich), *rapide* (schnell), *rare* (selten), *responsable* (verantwortlich), *riche* (reich), *ridicule* (lächerlich), *rouge* (rot), *sale* (schmutzig), *simple* (leicht), *terrible* (schrecklich), *tranquille* (ruhig), *triste* (traurig), *utile* (nützlich), *vide* (leer) …

	Singular	Plural
M	*-e*	*-es*
F	*-e*	*-es*

*un voisin agréabl**e*** ... ein angenehmer Nachbar
*une voisine agréabl**e*** ... eine angenehme Nachbarin

*un problème facil**e*** ... ein einfaches Problem
*une question facil**e*** ... eine einfache Frage

*un jeun**e** homme* ... ein junger Mann
*une jeun**e** dame* ... eine junge Dame

*Marc est malad**e**.* ... Mark ist krank.
*Julie est malad**e**.* ... Julia ist krank.
*Les deux sont malad**es**.* ... Beide sind krank.

- Einige Adjektive haben im Maskulinum Singular die Endung **-*s***. Bei ihnen unterscheiden sich Maskulinum Singular und Plural nicht:
  anglais (englisch), *confus* (konfus), *divers* (divers), *français* (französisch), *gris* (grau), *mauvais* (schlecht), *précis* (genau/exakt), *promis* (versprochen) …

	Singular	Plural
M	*-s*	*-s*
F	*-se*	*-es*

*un touriste françai**s*** ... ein französischer Tourist
*deux touristes françai**s*** ... zwei französische Touristen

*un mauvai**s** roman* ... ein schlechter Roman
*plusieurs mauvai**s** romans* ... mehrere schlechte Romane

- Einige französische Adjektive sind unveränderlich. Alle Formen sind gleich.

*la musique **pop*** ... die Popmusik
*un modèle **sport*** ... ein sportliches Modell
*une fille **sympa*** ... ein sympathisches Mädchen
(deux filles sympas)
*un pull **chic*** ... ein schicker Pullover
(deux pulls chics)

Schwierige Adjektive

Drei Adjektive haben zwei Formen im Maskulinum Singular.
Eine Form vor Wörtern, die mit Konsonant beginnen, die andere vor Wörtern, die mit Vokal oder stummen h beginnen.

*un **beau** monsieur*
*un **bel** homme*
*une **belle** femme*
*les **beaux** messieurs*
*les **belles** femmes*

*un **nouveau** modèle*
*un **nouvel** appareil*
*une **nouvelle** voiture*
*les **nouveaux** appareils*
*les **nouvelles** voitures*

*un **vieux** monsieur*
*un **vieil** homme*
*une **vieille** dame*
*les **vieux** messieurs*
*les **vieilles** dames*

12 Unregelmäßige Adjektive *(Des adjectifs irréguliers)*

Marc est sportif, gentil, courageux.

Julie est sportive, gentille, courageuse.

	männlich	weiblich	Übersetzung	ebenso
-c	***blanc*** ***blancs***	***blanche*** ***blanches***	weiß	***franc*** (frei)
	sec ***secs***	***sèche*** ***sèches***	trocken	
	public ***publics***	***publique*** ***publiques***	öffentlich	**caduc** (hinfällig), **turc** (türkisch)
-f	***sportif*** ***sportifs***	***sportive*** ***sportives***	sportlich	***actif***, ***attentif*** (aufmerksam), ***neuf*** (neu), ***vif*** (lebhaft) …
	bref ***brefs***	***brève*** ***brèves***	kurz	
-g	***long*** ***longs***	***longue*** ***longues***	lang	
-l	***amical*** ***amicaux***	***amicale*** ***amicales***	freundschaftlich	***brutal***, ***original***, ***principal***, ***spécial*** …
	actuel ***actuels***	***actuelle*** ***actuelles***	aktuell	***criminel***, ***cruel*** (grausam), ***essentiel***, ***mortel***, ***réel***, ***sensationnel***, ***visuel*** …
	pareil ***pareils***	***pareille*** ***pareilles***	ähnlich	***gentil*** (freundlich)
-n	***bon*** ***bons***	***bonne*** ***bonnes***	gut	***ancien*** (ehemalig), ***européen***, ***moyen*** (mittelmäßig)
-r	***premier*** ***premiers***	***première*** ***premières***	erste	***dernier***, ***entier***, ***étranger*** (ausländisch), ***familier***, ***léger*** (leicht), ***régulier*** …
	cher ***chers***	***chère*** ***chères***	lieb	***amer*** (bitter), ***fier*** (stolz)
-s	***bas*** ***bas***	***basse*** ***basses***	niedrig	***épais*** (dick), ***gros***, ***las*** (müde) …
	frais ***frais***	***fraîche*** ***fraîches***	frisch	
-t	***sot*** ***sots***	***sotte*** ***sottes***	dumm	
	secret ***secrets***	***secrète*** ***secrètes***	geheim	***complet***, ***concret***, ***discret***, ***inquiet*** (unruhig) …
-u	***aigu*** ***aigus***	***aiguë*** ***aiguës***	spitz	
-x	***heureux*** ***heureux***	***heureuse*** ***heureuses***	glücklich	***amoureux***, ***courageux*** (mutig), ***curieux*** (neugierig), ***dangereux***, ***sérieux*** (ernst) ***silencieux*** (leise) …
	faux ***faux***	***fausse*** ***fausses***	falsch	***roux*** (rothaarig)

13 Das Adjektiv – Steigerung und Stellung *(L'adjectif – les degrés et la place)*

Steigerung

- Adjektive werden gesteigert mit ***plus***, ***le/la plus***.

haut → ***plus*** *haut* → ***le plus*** *haut*
hoch → höher → höchste

grand → ***plus*** *grand* → ***le plus*** *grand*
groß → größer → größte

- Ausnahme:
  bon (gut) → *meilleur* → *le meilleur*
  bonne → *meilleure* → *la meilleure*

un ***bon*** *ami*	ein guter Freund
mon ***meilleur*** *ami*	mein bester Freund
une ***bonne*** *occasion*	eine gute Gelegenheit
la ***meilleure*** *occasion*	die beste Gelegenheit

Stellung

- Fast alle französischen Adjektive stehen **hinter** ihrem Nomen.
- Neun Adjektive stehen jedoch immer **vor** dem Nomen:
  beau (schön), *bon* (gut), *grand* (groß), *gros* (dick), *jeune* (jung), *joli* (hübsch), *mauvais* (schlecht), *petit* (klein), *vieux* (alt)

la route ***nationale***	die Nationalstraße
les voitures ***rapides***	die schnellen Autos
la circulation ***intense***	der dichte Verkehr
un ***bon*** *résultat*	ein gutes Resultat
une ***belle*** *fille*	ein hübsches Mädchen
le ***mauvais*** *temps*	das schlechte Wetter

Folgende Adjektive stehen immer vor dem Nomen:

beau	*bon*	*grand*
gros	*jeune*	*joli*
mauvais	*petit*	*vieux*

- Zwischen *quelque chose/rien* und dem folgenden Adjektiv steht immer ***de***.

quelque chose ***d'****intéressant*	etwas Interessantes
rien ***d'****exceptionnel*	nichts Besonderes

- Einige Adjektive haben eine unterschiedliche Bedeutung, wenn sie vor oder wenn sie hinter dem Nomen stehen.

cher *ami*	lieber Freund
la voiture ***chère***	das teure Auto
un ***noble*** *caractère*	ein edler Charakter
une famille ***noble***	eine adlige Familie

un cher ami

la voiture chère

14 Das Adverb *(L'adverbe)*

Grundregel

- Im Deutschen kann man jedes Adjektiv auch als Adverb gebrauchen, im Französischen nicht.
  - Das **Adjektiv** bezieht sich immer auf ein **Nomen** oder ein Pronomen.
  - Das **Adverb** bezieht sich auf ein **Verb** (manchmal auf ein Adjektiv oder ein anderes Adverb).

*L'explication est **claire**.* .... Die Erklärung ist **klar**. (Adjektiv)

*On m'a **clairement** expliqué la règle.* .... Man hat mir die Regel **klar** erklärt. (Adverb)

Nomen ↔ Adjektiv

Adverb ↔ Verb

Bildung der abgeleiteten Adverbien

- Die meisten von Adjektiven abgeleiteten Adverbien haben die Endung ***-ment***. Diese Endung wird an die **weibliche** Form des Adjektivs angefügt.

Adjektiv Fem. +	-ment	= Adverb
lègère +	*-ment*	= *légèrement*

léger → ***légère*** → ***légèrement*** .... leicht
sérieux → ***sérieuse*** → ***sérieusement*** .... ernsthaft
facile → ***facile*** → ***facilement*** .... leicht
rare → ***rare*** → ***rarement*** .... selten

Adjektive als Adverbien

- Einige wenige Adjektive kann man auch als Adverbien benutzen: *cher, clair, dur, faux, haut*

L'essence coûte cher. .... Benzin ist teuer.
Il faut travailler dur. .... Man muss hart arbeiten.
Écoute, tu chantes faux. .... Hör, du singst falsch.

Unregelmäßige Adverbien

Adjektiv	Adverb	Übersetzung
bon, bonne	***bien***	gut
mauvais, mauvaise	***mal***	schlecht
énorme, énorme	***énormément***	enorm
confus, confuse	***confusément***	verwirrt
précis, précise	***précisément***	genau
profond, profonde	***profondément***	tief
rapide, rapide	***rapidement/vite***	schnell

Adjektiv	Adverb	Übersetzung
gentil, gentille	***gentiment***	nett
prudent, prudente	***prudemment*** [-amã]	klug
constant, constante	***constamment***	beständig
évident, évidente	***évidemment*** [-amã]	offensichtlich
vrai, vraie	***vraiment***	wirklich
absolu, absolue	***absolument***	absolut
poli, polie	***poliment***	höflich

15 Das Verb *(Le verbe)*

Verben (Tätigkeitswörter) gibt es im Deutschen, im Englischen, im Französischen, in allen europäischen Sprachen.

Verbformen

▶ Verben setzen sich zusammen aus Stamm und Endung.
Du weißt, dass die französischen Verben viel mehr Endungen haben als die englischen.

	Stamm	Endung
	regard	*er*
je	*regard*	*e*
nous	*regard*	*ons*

▶ Bei den Verbformen unterscheidet man
– 1. Infinitiv (Grundform), Partizip:
regarder (sehen) = Infinitiv
regardé (gesehen) = Partizip II
– 2. Personalformen (finite Formen):

	Singular (Einzahl)	Plural (Mehrzahl)
1. Person	*je regarde*	*nous regardons*
2. Person	*tu regardes*	*vous regardez*
3. Person	*il/elle regarde*	*ils/elles regardent*

Einfache Zeiten – zusammengesetzte Zeiten

Im Deutschen wie im Französischen gibt es sowohl **einfache** als auch **zusammengesetzte** Zeiten *(des temps **simples** et des temps **composés**)*.

Einfache Zeiten

▶ Das *présent* ist eine einfache Zeit, *un temps simple*:
Il vient.
Il reste.
Warum ist diese Zeit einfach? Sie wird nur mit einer **einzigen Verbform** gebildet: *vient, reste.*

▶ Auch das *imparfait* ist eine einfache Zeit:
Il restait.

Einfache Zeiten heißen so, weil sie nur aus einer Verbform bestehen – nicht, weil sie keine Schwierigkeiten machen würden. Der Gegensatz zu den einfachen Zeiten sind die zusammengesetzten Zeiten.

Zusammengesetzte Zeiten

▶ Beim *passé composé* (Perfekt) ist das so:
Il est venu.
Il a attendu.
Das *passé composé* ist aus zwei Verbformen zusammengesetzt: aus einem Hilfsverb (*est/a*) und einem Partizip (*venu, attendu*).

▶ Auch das *passé récent* ist eine zusammengesetzte Zeit:
Il vient d'arriver.

▶ Ebenso die unmittelbare Zukunft:
Il va venir.

16 Die Zeiten *(Les temps)*

früher — jetzt — zukünftig

Unmittelbare Vergangenheit *(Le passé récent)* (→ Seite 18)

venir de + *Infinitiv*

Je viens de téléphoner. … Ich habe telefoniert.
Elle vient de partir. … Sie ist gegangen.

Perfekt *(Le passé composé)* (→ Seite 25)

avoir/*être* (Präsens) + *Partizip II*

J'ai téléphoné. … Ich habe telefoniert.
Elle est partie. … Sie ist gegangen.

Imperfekt *(L'imparfait)* (→ Seite 19)

je …	-ais	nous …	-ions
tu …	-ais	vous …	-iez
il/elle …	-ait	ils …	-aient

Je téléphonais. … Ich telefonierte.
Elle partait. … Sie ging.

Plusquamperfekt *(Le plus-que-parfait)* (→ Seite 25)

avoir/*être* (Imparfait) + *Partizip II*

J'avais téléphoné. … Ich hatte telefoniert.
Elle était partie. … Sie war gegangen.

Le passé simple

(→ Seite 20)

Präsens *(Le présent)* (→ Seite 17)

je …	-e/-s	nous …	-ons
tu …	-es/-s	vous …	-ez
il/elle …	-s/-t	ils …	-ent

Je téléphone. … Ich telefoniere.
Elle part. … Sie geht.

Nahe Zukunft *(Le futur composé)* (→ Seite 18)

aller + *Infinitiv*

Je vais téléphoner. … Ich werde telefonieren.
Elle va partir. … Sie wird gehen.

Futur *(Le futur simple)* (→ Seite 21)

je …	-rai	nous …	-rons
tu …	-ras	vous …	-rez
il/elle …	-ra	ils …	-ront

Je téléphonerai. … Ich werde telefonieren.
Elle partira. … Sie wird gehen.

17 Das Präsens (*Le présent*)

Formen

- Regelmäßige Verben auf ***-er*** bilden das Präsens mit dem **Stamm des Infinitivs** und den Endungen ***-e, -es, -e, -ons, -ez, -ent.***

*je cherch**e***
*tu cherch**es***
*il cherch**e***
*nous cherch**ons***
*vous cherch**ez***
*ils cherch**ent***

- Regelmäßige Verben auf ***-re*** bilden das Präsens mit dem **Stamm des Infinitivs** und den Endungen ***-s, -s, -t***[1]***, -ons, -ez, -ent.***

*j'attend**s***
*tu attend**s***
il attend
*nous attend**ons***
*vous attend**ez***
*ils attend**ent***

- Regelmäßige Verben auf ***-ir*** bilden das Präsens mit dem **Stamm des Infinitivs** und den Endungen ***-is, -is, -it, -issons, -issez, -issent.***

*je fin**is***
*tu fin**is***
*il fin**it***
*nous fin**issons***
*vous fin**issez***
*ils fin**issent***

Gebrauch

- Der Gebrauch des französischen *présent* entspricht weitgehend dem deutschen Präsens.

*Mon père **est** assis dans son fauteuil*[2]*.*
*Il **lit** le journal.*
*Ma mère **prépare** le café.*
*Mon père ne **va** pas à l'usine*[3]*.*
*Il **a** maintenant son congé annuel*[4]*.*

Unregelmäßige Präsens-Formen

	Übersetzung	*je*	*tu*	*il/elle*	*nous*	*vous*	*ils/elles*
commencer	anfangen	*commence*	*commences*	*commence*	*commen**ç**ons*	*commencez*	*commencent*
manger	essen	*mange*	*manges*	*mange*	*man**ge**ons*	*mangez*	*mangent*
appeler	rufen	*appe**ll**e*	*appe**ll**es*	*appe**ll**e*	*appelons*	*appelez*	*appellent*
jeter	werfen	*je**tt**e*	*je**tt**es*	*je**tt**e*	*jetons*	*jetez*	*je**tt**ent*
acheter	kaufen	*ach**è**te*	*ach**è**tes*	*ach**è**te*	*achetons*	*achetez*	*ach**è**tent*
espérer	hoffen	*esp**è**re*	*esp**è**res*	*esp**è**re*	*espérons*	*espérez*	*esp**è**rent*
employer	gebrauchen	*emplo**i**e*	*emplo**i**es*	*emplo**i**e*	*employons*	*employez*	*emplo**i**ent*
payer	bezahlen	*pa**i**e*	*pa**i**es*	*pa**i**e*	*payons*	*payez*	*pa**i**ent*
avoir	haben	***ai***	***as***	***a***	***avons***	***avez***	***ont***
être	sein	***suis***	***es***	***est***	***sommes***	***êtes***	***sont***
faire	machen	*fais*	*fais*	*fait*	*faisons*	***faites***	***font***
dire	sagen	*dis*	*dis*	*dit*	*disons*	***dites***	*disent*
aller	gehen	***vais***	***vas***	***va***	*allons*	*allez*	*vont*
voir	sehen	*vois*	*vois*	*voit*	***voyons***	***voyez***	*voient*
savoir	wissen	***sais***	***sais***	***sait***	*savons*	*savez*	*savent*
pouvoir	können	***peux***	***peux***	***peut***	*pouvons*	*pouvez*	***peuvent***
vouloir	wollen	***veux***	***veux***	***veut***	*voulons*	*voulez*	***veulent***
venir	kommen	***viens***	***viens***	***vient***	*venons*	*venez*	***viennent***
prendre	nehmen	*prends*	*prends*	*prend*	***prenons***	***prenez***	***prennent***
croire	glauben	*crois*	*crois*	*croit*	***croyons***	***croyez***	*croient*
mettre	legen	***mets***	***mets***	***met***	*mettons*	*mettez*	***mettent***

Mon père est assis dans son fauteuil. Il lit le journal.

1 Wenn der Stamm nicht mit *-d* oder *-t* endet.
2 *fauteuil*: Sessel
3 *l'usine*: Fabrik
4 *congé annuel*: Jahresurlaub

18 Das *futur composé* (*Le futur composé*)

Formen

- Alle Verben bilden das *futur composé* mit dem Präsens von ***aller*** und ihrem Infinitiv.
  Es gibt keine Ausnahmen!

le futur composé
***aller* + Infinitiv**

je ***vais*** *commencer*
tu ***vas*** *commencer*
il ***va*** *commencer*
nous ***allons*** *commencer*
vous ***allez*** *commencer*
ils ***vont*** *commencer*

Gebrauch

Das *futur composé* hat noch andere Bezeichnungen, die auf den Gebrauch hinweisen: *futur proche* (nahe Zukunft), *futur immédiat* (unmittelbare Zukunft).

- Das *futur composé* drückt aus, dass ein Vorgang gleich stattfinden wird.

Paul est impatient.
Paul ist ungeduldig.
Je ***vais téléphoner*** *à Catherine.*
Ich werde gleich mit Katharina telefonieren.
Je ***vais*** *lui* ***dire*** *que je l'attends déjà longtemps.*
Ich werde ihr sagen, dass ich schon lange auf sie warte.
Si elle ne vient pas, je ***vais sortir*** *sans elle.*
Wenn sie nicht kommt, werde ich ohne sie ausgehen.

Je vais téléphoner à Catherine.

Das *passé récent* (*Le passé récent*)

Formen

- Alle Verben bilden das *passé récent* mit dem Präsens von ***venir***, der Präposition **de** und ihrem Infinitiv.
  Es gibt keine Ausnahmen!

le passé récent
Präsens von *venir* + *de* + Infinitiv

je ***viens de*** *commencer*
tu ***viens de*** *commencer*
il ***vient de*** *commencer*
nous ***venons de*** *commencer*
vous ***venez de*** *commencer*
ils ***viennent de*** *commencer*

Gebrauch

Das *passé récent* wird auf Deutsch „unmittelbare Vergangenheit" genannt.

- Das *passé récent* drückt aus, dass ein Vorgang soeben stattgefunden hat.

On ***vient de sonner*** *à la porte.*
Man hat soeben an der Tür geklingelt.
Paul ***vient d'ouvrir*** *la porte.*
Paul hat soeben die Tür geöffnet.
Catherine dit: Je ***viens de voir*** *un accident grave.*
Katharina sagt: Ich habe gerade einen schweren Unfall gesehen.
Je ***viens d'appeler*** *au secours, avec mon portatif.*
Ich habe gerade Hilfe geholt, mit meinem Handy.

On vient de sonner à la porte.

19 Das Imperfekt *(L'imparfait)*

Formen

- Alle regelmäßigen Verben bilden das *imparfait* mit dem **Stamm der 1. Person Plural Präsens** und den Endungen ***-ais, -ais, -ait, -ions, -iez, -aient***.
  (Die Endungen *-ais, -ait, -aient* werden [ɛ:] gesprochen.)

*je commenç**ais***	*j'attend**ais***	*je fin**iss**ais*
*tu commenç**ais***	*tu attend**ais***	*tu fin**iss**ais*
*il commenç**ait***	*il attend**ait***	*il fin**iss**ait*
*nous commenc**ions***	*nous attend**ions***	*nous fin**iss**ions*
*vous commenc**iez***	*vous attend**iez***	*vous fin**iss**iez*
*ils commenç**aient***	*ils attend**aient***	*ils fin**iss**aient*

Gebrauch

Dem deutschen Präteritum entsprechen im Französischen zwei Zeiten:
das *passé simple* und das *imparfait*.

- Das *imparfait* bezeichnet Zustände,
  - die lange andauern,
  - die gleichzeitig mit anderen stattfinden und
  - die schon andauern, bevor man sie erwähnt. (Frage: *Was war …?*)
- Das *imparfait* wird beim Sprechen und beim Schreiben verwendet.

Marc attendait son amie. .... Marc wartete auf seine Freundin.
Elle n'arrivait pas. .... Sie kam nicht.
Marc était inquiet. .... Marc war unruhig.

Marc était inquiet.

Unregelmäßige *imparfait*-Formen

	Übersetzung	*je*	*tu*	*il/elle*	*nous*	*vous*	*ils/elles*
commencer	anfangen	*commen**ç**ais*	*commen**ç**ais*	*commen**ç**ait*	*commencions*	*commenciez*	*commen**ç**aient*
manger	essen	*man**ge**ais*	*man**ge**ais*	*man**ge**ait*	*mangions*	*mangiez*	*man**ge**aient*
avoir	haben	***avais***	***avais***	***avait***	***avions***	***aviez***	***avaient***
être	sein	***étais***	***étais***	***était***	***étions***	***étiez***	***étaient***

Gegenüberstellung von *imparfait* und *passé simple*

*Un touriste **était** dans une petite ville de province.* .... **(Was war …?) Der Tourist war längere Zeit dort.** .... Ein Tourist war in einer kleinen Provinzstadt.
*Il **se promenait** dans les rues tranquilles* .... **(Was war …?) Der Spaziergang dauerte längere Zeit.** .... Er ging in den ruhigen Straßen spazieren
*et **regardait** les bâtiments avec curiosité.* .... **(Was war …?) Er sah sich die Gebäude längere Zeit an.** .... und besah neugierig die Bauwerke.

*Tout à coup il **vit** une dame.* .... (Was geschah nun …?) Plötzlich sah er eine Dame. .... Plötzlich sah er eine Dame.
*Il **demanda** à la dame:* .... (Was geschah nun …?) Die Frage dauert – im Vergleich zum Spaziergang – nur kurze Zeit. .... Er fragte die Dame:

Dites-moi, madame, ... „Sagen Sie mir, Madame,
s'il est né beaucoup de grands hommes dans votre ville? .... ob viele große Männer in Ihrer Stadt geboren worden sind?"
*Non, monsieur, **répondit**-elle.* .... (Was geschah nun …?) Die Antwort ist nur kurz. .... „Nein, Monsieur", antwortete sie.
Chez nous on ne voit naître que de petits enfants. .... „Bei uns sieht man nur, dass kleine Kinder geboren werden."

20 Das *passé simple* (*Le passé simple*)

Formen

- Regelmäßige Verben auf ***-er*** bilden das *passé simple* mit dem **Stamm des Infinitivs** und den Endungen ***-ai, -as, -a, -âmes, -âtes, -èrent.***

*je commenç**ai***
*tu commenç**as***
*il commenç**a***
*nous commenç**âmes***
*vous commenç**âtes***
*ils commenc**èrent***

- Regelmäßigen Verben auf ***-re*** und ***-ir*** bilden das *passé simple* mit dem **Stamm des Infinitivs** und den Endungen ***-is, -is, -it, -îmes, -îtes, -irent.***

*j'attend**is***	*je fin**is***
*tu attend**is***	*tu fin**is***
*il attend**it***	*il fin**it***
*nous attend**îmes***	*nous fin**îmes***
*vous attend**îtes***	*vous fin**îtes***
*ils attend**irent***	*ils fin**irent***

Gebrauch

Dem deutschen Präteritum entsprechen im Französischen zwei Zeiten: das *passé simple* und das *imparfait*.

- Das *passé simple* bezeichnet Handlungen,
  - die kurz sind,
  - die aufeinander folgen und
  - die im Gang des Erzählens neu einsetzen. (Frage: *Was geschah nun …?*)
- Das *passé simple* **wird nicht beim Sprechen verwendet.** Man liest es aber in der Literatur, dort wird es üblicherweise verwendet, meist nur in der 3. Person Singular und Plural.

Tout à coup,	Plötzlich
*on **frappa** à la porte.*	klopfte es an der Tür.
Sans hésiter ma sœur	Ohne zu zögern,
***ouvrit** la porte.*	öffnete meine Schwester die Tür.
*Elle y **vit** son ami …*	Sie sah dort ihren Freund …

Unregelmäßige *passé-simple*-Formen

	Übersetzung	*je*	*il/elle*	*ils/elles*
commencer	anfangen	*commençai*	*commença*	*commencèrent*
manger	essen	*mangeai*	*mangea*	*mangèrent*
avoir	haben	***eus***	***eut***	***eurent***
être	sein	***fus***	***fut***	***furent***
faire	machen	***fis***	***fit***	***firent***
dire	sagen	***dis***	***dit***	***dirent***
voir	sehen	***vis***	***vit***	***virent***
savoir	wissen	***sus***	***sut***	***surent***
pouvoir	können	***pus***	***put***	***purent***
venir	kommen	***vins***	***vint***	***vinrent***
prendre	nehmen	***pris***	***prit***	***prirent***
croire	glauben	***crus***	***crut***	***crurent***
mettre	legen	***mis***	***mit***	***mirent***
partir	losgehen	***partis***	***partit***	***partirent***
recevoir	bekommen	***reçus***	***reçut***	***reçurent***
se taire	verstummen	***me tus***	***se tut***	***se turent***

Elle y vit son ami …

21 Das Futur *(Le futur simple)*

Formen

- Regelmäßige Verben auf ***-er*** bilden das Futur mit der **3. Person Singular Präsens** und den Endungen
  -rai, -ras, -ra, -rons, -rez, -ront
  *il commence + ra → il commence**ra** ...... er wird anfangen*

*je commence**rai***
*tu commence**ras***
*il commence**ra***
*nous commence**rons***
*vous commence**rez***
*ils commence**ront***

- Regelmäßige Verben auf ***-re*** und ***-ir*** bilden das Futur mit der **3. Person Singular Präsens** (ohne die nicht gesprochene Endung *-t*) und den Endungen
  -rai, -ras, -ra, -rons, -rez, -ront
  *il fini(t) + ra → il fini**ra** ...... er wird aufhören*

*j'attend**rai***	*je fini**rai***
*tu attend**ras***	*tu fini**ras***
*il attend**ra***	*il fini**ra***
*nous attend**rons***	*nous fini**rons***
*vous attend**rez***	*vous fini**rez***
*ils attend**ront***	*ils fini**ront***

Gebrauch

- Im Gebrauch entsprechen sich das deutsche und das französische Futur.

Je m'en occuperai. ...... Ich werde mich darum kümmern.

- Im Deutschen wird oft das Präsens verwendet, um etwas Zukünftiges auszudrücken.
  Im Französischen ist das auch möglich, aber selten.

Demain je viendrai te voir. ...... Morgen **komme** ich dich besuchen.

Im Deutschen und im Englischen wird das Futur mit einem Hilfsverb gebildet, im Französischen nicht.
*ich **werde** anfangen* ...... *je commencerai*

Unregelmäßige Futur-Formen

appeler	*il appe**ll**era*	er wird rufen
jeter	*il je**tt**era*	er wird werfen
acheter	*il ach**è**tera*	er wird kaufen
employer	*il emplo**i**era*	er wird verwenden
payer	*il pa**i**era* oder: *il payera*	er wird bezahlen
avoir	*j'**aurai*** *tu **auras*** *il **aura*** *nous **aurons*** *vous **aurez*** *ils **auront***	ich werde haben du wirst haben er wird haben wir werden haben ihr werdet haben sie werden haben
être	*je **serai*** *tu **seras*** *il **sera*** *nous **serons*** *vous **serez*** *ils **seront***	ich werde sein du wirst sein er wird sein wir werden sein ihr werdet sein sie werden sein
aller	*il **ira***	er wird gehen
courir	*il **courra***	er wird laufen
devoir	*il **devra***	er wird müssen
envoyer	*il **enverra***	er wird schicken
faire	*il **fera***	er wird machen
falloir	*il **faudra***	es wird nötig sein
mourir	*il **mourra***	er wird sterben
pouvoir	*il **pourra***	er wird können
recevoir	*il **recevra***	er wird bekommen
savoir	*il **saura***	er wird wissen
tenir	*il **tiendra***	er wird halten
venir	*il **viendra***	er wird kommen
voir	*il **verra***	er wird sehen
vouloir	*il **voudra***	er wird wollen

22 Gebrauch der Hilfsverben *avoir* und *être* (*L'emploi des auxiliaires «avoir» et «être»*)

- Im Französischen wie im Deutschen werden die zusammengesetzten Zeiten mit Hilfsverben gebildet.
- Im Deutschen sind es „haben" und „sein". *Ich habe auf dich gewartet, aber du bist nicht gekommen.*
- Im Französischen sind die Hilfsverben ***avoir*** und ***être***.

avoir / **être**

Avoir

- Die meisten Verben bilden die zusammengesetzten Zeiten mit *avoir.*

*J'**ai** attendu.*	Ich habe gewartet.
*Tu n'**as** pas téléphoné.*	Du hast nicht telefoniert.
*J'**avais** eu peur.*	Ich hatte Angst bekommen.

- Auch *être* bildet die zusammengesetzten Zeiten mit *avoir.*

*J'**ai été** malade.*	Ich **bin** krank **gewesen**.

Einige französische Verben bilden die zusammengesetzten Zeiten mit ***avoir*** – die entsprechenden deutschen Verben aber mit **sein**.

*il **a** avancé*	er **ist** vorangekommen
*il **a** couru*	er **ist** gelaufen
*il **a** décollé*	er **ist** gestartet
*il **a** disparu*	er **ist** verschwunden
*il **a** fui*	er **ist** geflohen
*il **a** grandi*	er **ist** groß geworden
*il **a** grimpé*	er **ist** geklettert
*il **a** grossi*	er **ist** dicker geworden
*il **a** maigri*	er **ist** magerer geworden
*il **a** marché*	er **ist** marschiert
*il **a** nagé*	er **ist** geschwommen
*il **a** pâli*	er **ist** blass geworden
*il **a** reculé*	er **ist** zurückgewichen
*il **a** rougi*	er **ist** rot geworden
*il **a** sauté*	er **ist** gesprungen
*il **a** suivi*	er **ist** gefolgt
*il **a** vieilli*	er **ist** alt geworden
*il **a** volé*	er **ist** geflogen
*il **a** voyagé*	er **ist** gereist

Être

- 14 Verben (die man sich merken muss) bilden die zusammengesetzten Zeiten mit *être*:
  aller, venir – arriver, partir, retourner – entrer, sortir – rester, demeurer – monter, descendre, tomber – naître (geboren werden), *mourir*

*Je **suis arrivé**.*	Ich **bin** angekommen.
*Mais elle **est partie**.*	Aber sie **ist** weggegangen.
*Elle n'**est** pas **revenue**.*	Sie **ist** nicht zurückgekommen.

- Alle reflexiven Verben bilden die zusammengesetzten Zeiten mit *être*. (Reflexive Verben haben beim Infinitiv *se*.)

*Je me **suis** lavé.*	Ich **habe** mich gewaschen.
*Elle s'**est** dépêchée.*	Sie **hat** sich beeilt.

- Das Passiv wird mit *être* gebildet.

*L'enfant **est** mordu par le chien.*	Das Kind **wurde** von dem Hund gebissen.

Je suis venu …

elle m'a regardé …

j'ai rougi.

23 Das Partizip Perfekt *(Le participe passé)*

Formen

- Die regelmäßigen Verben auf ***-er*** bilden das Partizip Perfekt mit dem **Stamm des Infinitivs** und der **Endung *-é*.**

*commenc**é***	angefangen
*parl**é***	gesprochen

- Die regelmäßigen Verben auf ***-re*** bilden das Partizip Perfekt mit dem **Stamm des Infinitivs** und der **Endung *-u*.**

*attend**u***	gewartet
*répond**u***	geantwortet

- Die regelmäßigen Verben auf ***-ir*** bilden das Partizip Perfekt mit dem **Stamm des Infinitivs** und der **Endung *-i*.**

*fin**i***	beendet
*part**i***	weggegangen

Gebrauch

- Das Partizip Perfekt wird als Adjektiv gebraucht.

*la porte **fermée***	die geschlossene Tür
*le texte **imprimé***	der gedruckte Text
*propriété **privée***	Privatbesitz
*la rue **barrée***	die gesperrte Straße

- Das Partizip Perfekt dient zur Bildung der zusammengesetzten Zeiten.

*Elle a **parlé.***	Sie hat gesprochen.
*J'ai **écouté.***	Ich habe zugehört.
*Nous sommes **partis.***	Wir sind weggegangen.
*On avait **fini.***	Wir hatten aufgehört.
*Le voleur est **arrêté.***	Der Dieb wurde festgenommen.

Unregelmäßige Partizip-Perfekt-Formen

avoir* und *être

avoir	***eu***	gehabt
être	***été***	gewesen

Endung auf *-u*

boire	***bu***	getrunken
connaître	***connu***	gekannt
courir	***couru***	gelaufen
croire	***cru***	geglaubt
devoir	***dû, due***	gemusst
lire	***lu***	gelesen
plaire	***plu***	gefallen
pouvoir	***pu***	gekonnt
recevoir	***reçu***	bekommen
savoir	***su***	gewusst
taire	***tu***	geschwiegen
tenir	***tenu***	gehalten
venir	***venu***	gekommen
vivre	***vécu***	gelebt
voir	***vu***	gesehen
vouloir	***voulu***	gewollt

Endung auf *-t*

conduire	***conduit***	gesteuert
craindre	***craint***	gefürchtet
dire	***dit***	gesagt
écrire	***écrit***	geschrieben
faire	***fait***	gemacht
mourir	***mort***	gestorben
ouvrir	***ouvert***	geöffnet

Endung auf *-is* und *-i*

prendre	***pris***	genommen
mettre	***mis***	gelegt
rire	***ri***	gelacht

naître

naître	***né***	geboren

Das Partizip Präsens *(Le participe présent)*

Formen

- Es gibt im Französischen auch ein Partizip Präsens. Bei den regelmäßigen Verben wird an den **Stamm der 1. Person Plural Präsens die Endung *-ant*** angefügt.

*commenç**ant***	anfangend
*attend**ant***	wartend
*finiss**ant***	endend

- Unregelmäßig sind die Formen:

ayant	habend
étant	seiend
sachant	wissend

24 Veränderlichkeit des Partizips Perfekt *(L'accord du participe passé)*

Bei den Regeln für die Veränderlichkeit des Partizips Perfekt ist zu unterscheiden, ob es als Adjektiv, mit dem Hilfsverb ***être*** oder mit dem Hilfsverb ***avoir*** gebraucht wird.

Beim Partizip Perfekt werden dieselben Endungen gebraucht wie beim Adjektiv:

	Singular	Plural
M	–	-*s*
F	-*e*	-*es*

Partizip Perfekt als Adjektiv

- Wenn das Partizip Perfekt als Adjektiv gebraucht wird, verändert es sich auch wie ein Adjektiv.

le magasin fermé ... das geschlossene Geschäft
*les magasins fermé**s*** ... die geschlossenen Geschäfte
*la porte fermé**e*** ... die geschlossene Tür
*les portes fermé**es*** ... die geschlossenen Türen

Partizip Perfekt mit *être*

- Das mit *être* verbundene Partizip Perfekt richtet sich nach dem Subjekt.

Subjekt — *être* — Partizip Perfekt

***La porte** est fermé**e**.* ... Die Türe ist geschlossen.
***Anne** est arrivé**e**.* ... Anne ist gekommen.
***Elle** est entré**e**.* ... Sie ist hereingekommen.
*Mes **amis** sont venu**s**.* ... Meine Freunde sind gekommen.
***Anne et Jean-Pierre** sont resté**s** là.* ... Anne und Jean-Pierre sind dageblieben.
***Ils** se sont reposé**s**.* ... Sie haben sich erholt.
***Anne** s'est amusé**e**.* ... Anne hat sich amüsiert.

Partizip Perfekt mit *avoir*

- Das mit *avoir* verbundene Partizip Perfekt richtet sich nach dem direkten Objekt, aber nur, wenn es vorangeht. Meist ist es: *la*, *les* oder *que*.

Subjekt — direktes Objekt — *avoir* — Partizip Perfekt

Où est Anne? ... Wo ist Anne?
*Je **l'**ai cherché**e** partout.* ... Ich habe sie überall gesucht.
*Je ne **l'**ai pas trouvé**e**.* ... Ich habe sie nicht gefunden.
Voilà les fleurs, Da sind die Blumen,
***que** j'ai apporté**es**.* ... die ich mitgebracht habe.

Il a sifflé et son chien bien dressé est venu tout de suite.

25 Das Perfekt *(Le passé composé)*

Formen

▸ Alle Verben bilden das Perfekt mit den Hilfsverben ***avoir*** oder ***être* im Präsens** (→ Seite 22) und dem **Partizip Perfekt** (→ Seite 23)

On a commencé.	Wir haben angefangen.
J'ai attendu.	Ich habe gewartet.
Ils ont fini.	Sie haben aufgehört.
Je suis parti.	Ich bin weggegangen.
Les autres sont restés.	Die andern sind geblieben.

Gebrauch

▸ Wie im Deutschen wird das Perfekt verwendet, um Ereignisse zu berichten, die jetzt – in der Gegenwart – bereits abgeschlossen sind.

Je suis parti. → Das erklärt, warum ich jetzt schon zu Hause bin.
Les autres sont restés. → Sie sind jetzt noch nicht zu Hause.

▸ Das Perfekt wird beim Erzählen und Berichten zusammen mit dem *imparfait* verwendet. (Statt des *passé simple*, das nur noch in der Literatur vorkommt.)

Ma sœur était seule dans la maison. Tout à coup, on ***a frappé*** *à la porte. Sans hésiter, ma sœur* ***a ouvert*** *la porte. Qui était là?*

Das Plusquamperfekt *(Le plus-que-parfait)*

Formen

▸ Alle Verben bilden das Plusquamperfekt mit den Hilfsverben ***avoir*** oder ***être* im Imperfekt** und dem **Partizip Perfekt**.

On avait déjà commencé.	Wir hatten schon angefangen.
J'avais attendu.	Ich hatte gewartet.
J'étais déjà parti, mais les autres étaient restés.	Ich war bereits weggegangen, aber die anderen waren geblieben.

Gebrauch

▸ Das Plusquamperfekt wird gebraucht, wenn man Geschehnisse berichtet, die noch weiter in der Vergangenheit zurückliegen als Geschehnisse, die im Perfekt oder *imparfait* berichtet werden.

Julie est venue vers 8 heures.	Julia ist gegen 8 Uhr gekommen.
Mais on ***avait commencé*** *à 6 heures.*	Aber wir hatten um 6 Uhr begonnen.
Elle ***avait manqué*** *son train.*	Sie hatte ihren Zug verpasst.

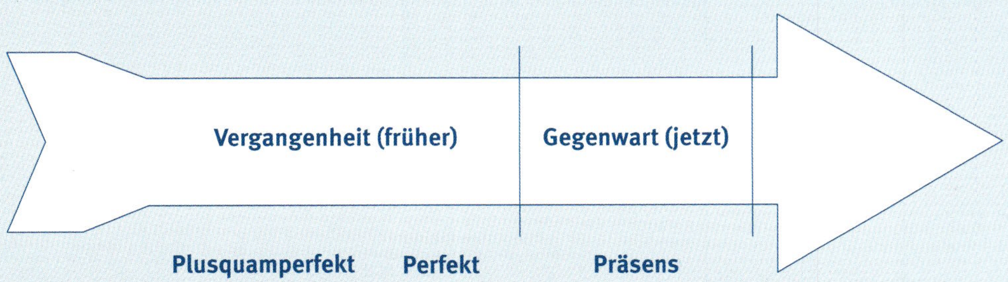

J'étais déjà partie, mais les autres étaient restés

26 Das Konditional I *(Le présent du conditionnel)*

Formen

- Alle Verben bilden das Konditional I **wie das Futur,** aber mit den Endungen ***-rais, -rais, -rait, -rions, -riez, -raient.***

*je commence**rais***	ich würde anfangen
*il commence**rait***	er würde anfangen
*il attend**rait***	er würde warten
*elle fini**rait***	sie würde aufhören
*elle **viendrait***	sie würde kommen
*cela me **ferait** plaisir*	das würde mir Spaß machen
*j'**irais** seul à Paris*	ich würde allein nach Paris fahren

Gebrauch

Das Konditional drückt aus:

- Annahme, Möglichkeit
- Wunsch
- Vorschlag, Bitte
- höfliche Frage

Annahme, Möglichkeit:	
Ce serait possible.	Das wäre möglich.
Wunsch:	
J'aimerais voyager à Paris.	Ich würde gern nach Paris fahren.
Vorschlag, Bitte:	
Je pourrais t'aider.	Ich könnte dir helfen.
Höfliche Frage:	
Pourriez-vous me dire où est la gare?	Könnten Sie mir sagen, wo der Bahnhof ist?

Das Konditional II *(Le conditionnel du passé)*

Formen

- Alle Verben bilden das Konditional II mit den Hilfsverben ***avoir*** oder ***être* im Konditional I** und dem **Partizip Perfekt**.

J'aurais commencé.	Ich hätte angefangen.
Il aurait attendu.	Er hätte gewartet.
Elle aurait fini ses devoirs …	Sie hätte ihre Aufgaben beendet …
Je serais parti plus tôt …	Ich wäre früher losgefahren …
Elle serait venue …	Sie wäre gekommen …

Gebrauch

- Das Konditional II drückt eine Annahme, einen Wunsch, einen Vorschlag, eine höfliche Frage in der Vergangenheit aus.
- Am wichtigsten ist der Gebrauch des Konditional II im *si*-Satz.

Näheres zum *si*-Satz. (→ Seite 30)

J'aurais aimé voyager à Paris.	Ich wäre gern nach Paris gefahren.
J'aurais pu t'aider.	Ich hätte dir helfen können.
Je serais parti plus tôt, si je m'étais réveillé à l'heure.	Ich wäre früher losgefahren, wenn ich rechtzeitig aufgewacht wäre.

Si j'étais plus forte …

27 Der *subjonctif* – Formen (*Le subjonctif* – *les formes*)

Das Französische und das Deutsche unterscheiden bei allen Zeiten des Verbs zwischen *indicatif* (Indikativ/Wirklichkeitsform) und *subjonctif* (Konjunktiv/Möglichkeitsform):

Indikativ	Konjunktiv	*indicatif*	*subjonctif*
ich bin	ich sei	*je suis*	*je sois*
er hat	dass er habe	*il a*	*qu'il ait*
sie weiß	dass sie wisse	*elle sait*	*qu'elle sache*
er sagt	dass er sage	*il dit*	*qu'il dise*

Regelmäßige *subjonctif*-Formen

- Alle Verben bilden den *subjonctif (présent)* mit dem **Stamm der 3. Person Plural Präsens** und den **Endungen** ***-e, -es, -e, -ions, -iez, -ent.***

*que je commen**ce***	dass ich anfange
*que tu commen**ces***	dass du anfangest
*qu'il commen**ce***	dass er anfange
*que nous commenc**ions***	dass wir anfangen
*que vous commenc**iez***	dass ihr anfangt
*qu'ils commenc**ent***	dass sie anfangen
*que j'attend**e***	dass ich warte
*que tu attend**es***	dass du wartest
*qu'il attend**e***	dass er warte
*que nous attend**ions***	dass wir warten
*que vous attend**iez***	dass ihr wartet
*qu'ils attend**ent***	dass sie warten
*que je finiss**e***	dass ich aufhöre
*que tu finiss**es***	dass du aufhörst
*qu'il finiss**e***	dass er aufhöre
*que nous finiss**ions***	dass wir aufhören
*que vous finiss**iez***	dass ihr aufhört
*qu'ils finiss**ent***	dass sie aufhören

- Regelmäßig sind auch folgende Formen:
  oublier:
  *que nous oubl**ii**ons,*
  *que vous oubl**ii**ez*
  prier:
  *que nous pr**ii**ons,*
  *que vous pr**ii**ez*

Unregelmäßige *subjoncif*-Formen

avoir	*que j'**aie*** *que tu **aies*** *qu'il **ait*** *qu'ils **aient***	*que nous **ayons*** *que vous **ayez***	dass ich habe
être	*que je **sois*** *que tu **sois*** *qu'il **soit*** *qu'ils **soient***	*que nous **soyons*** *que vous **soyez***	dass ich sei
aller	*que j'**aille*** *que tu **ailles*** *qu'il **aille*** *qu'ils **aillent***	*que nous **allions*** *que vous **alliez***	dass ich gehe
falloir	*qu'il **faille***		dass es nötig sei
pleuvoir	*qu'il **pleuve***		dass es regne
pouvoir	*qu'il **puisse***		dass er könne
savoir	*qu'il **sache***		dass er wisse
valoir	*qu'il **vaille***		dass es wert sei
vouloir	*qu'il **veuille***		dass er wolle

28 Der *subjonctif* – Gebrauch (*Le subjonctif* – *l'emploi*)

Im Französischen gibt es feste Regeln für den Gebrauch des *subjonctif*, die genau beachtet werden müssen.

Konjunktion + *subjonctif*

▶ Nach folgenden Konjunktionen steht immer der *subjonctif*:
jusqu'à ce que (bis)
avant que (bevor)
bien que/quoique (obwohl)
pour que/afin que (damit)
sans que (ohne dass)
à condition que (unter der Bedingung, dass)

Nous attendons ***jusqu'à ce qu'****elle* ***vienne****.*
Wir warten, bis sie kommt.

Rentrons ***avant qu'****il* ***pleuve****.*
Gehen wir zurück, bevor es regnet.

Il ne reste pas au lit ***quoiqu'****il* ***soit*** *malade.*
Er bleibt nicht im Bett, obwohl er krank ist.

Je le dis ***pour que*** *tu* ***saches*** *la vérité.*
Ich sage es, damit du die Wahrheit weißt.

Verb des Gefühls + *que* + *subjonctif*

▶ Nach Verben des Gefühls* steht im *que*-Satz immer der *subjonctif*.
Verben des Gefühls sind zum Beispiel:
admirer *que* (bewundern, dass)
aimer *que* (lieben, dass)
avoir peur *que* (Angst haben, dass)
regretter *que* (bedauern, dass)
être content *que* (zufrieden sein, dass)
être déçu *que* (enttäuscht sein, dass)
être fâché *que* (ärgerlich sein, dass)
être fier *que* (stolz sein, dass),
être heureux *que* (glücklich sein, dass)
être surpris *que* (überrascht sein, dass)
être triste *que* (traurig sein, dass)
il est dommage *que* (es ist schade, dass)

(* Statt „Verben des Gefühls" gibt es auch die Begriffe „Verben der persönlichen Stellungnahme", „Verben des subjektiven Empfindens".)

Je ***suis content*** *que Juliette* ***soit*** *venue.*
Ich bin zufrieden, dass Julia gekommen ist.

*J'****aimerais*** *qu'elle* ***reste*** *jusqu'à la fin.*
Ich hätte gern, dass sie bis zum Schluss bleibt.

Je ***regrette*** *que tu* ***aies*** *oublié tes photos.*
Ich bedauere, dass du deine Fotos vergessen hast.

Il est dommage qu'il ***pleuve*** *aujourd'hui.*
Es ist schade, dass es heute regnet.

> Nach *espérer* (hoffen) steht **kein** *subjonctif*.
>
> *On* ***espère*** *que Juliette sera là.*
> Wir hoffen, dass Julia da sein wird.

Verb des Wollens + *que* + *subjonctif*

▶ Nach Verben des Wollens (= Verben der Willensäußerung) steht im *que*-Satz immer der *subjonctif*.
Verben des Wollens sind zum Beispiel:
approuver *que* (billigen, dass)
consentir *que* (zustimmen, dass)
avoir envie *que* (mögen, dass)
désirer *que* (wünschen, dass)
exiger *que* (fordern, dass)
ordonner *que* (befehlen, dass)
prier *que* (bitten, dass)
proposer *que* (vorschlagen, dass)
tolérer *que* (dulden, dass)
vouloir *que* (wollen, dass)
il faut *que* (es ist notwendig, dass)
il vaut mieux *que* (es wäre besser, dass)

Je ***veux*** *que tu* ***saches*** *tous les détails.*
Ich will, dass du alle Einzelheiten weißt.

Il m'a ***demandé*** *que je* ***vienne*** *seul.*
Er wollte, dass ich allein komme.

Il ***faut*** *que tu* ***fasses*** *plus vite.*
Du musst dich beeilen.

Mon père ne ***tolère*** *pas que je* ***sois*** *en retard.*
Mein Vater duldet nicht, dass ich mich verspäte.

> Nach *décider* (entscheiden) und *persuader* (überreden) steht **kein** *subjonctif*.
>
> *Julie a* ***décidé*** *qu'elle restera à la maison.*
> Julie hat sich entschieden, zu Hause zu bleiben.

Verb der Ungewissheit + *que* + *subjonctif*

▶ Nach Verben, die eine Ungewissheit ausdrücken, steht der *subjonctif*. Dazu gehören auch die Verben des Sagens und Denkens, die fragend oder verneint gebraucht werden.
Verben der Ungewissheit sind zum Beispiel:
douter *que* (zweifeln, dass)
nier *que* (abstreiten, dass)
supposer *que* (vermuten, dass)
il est possible *que* (es ist möglich, dass)
il est impossible *que* (es ist unmöglich, dass)
il n'est pas vrai *que* (es ist nicht wahr, dass)
je ne crois pas *que* (ich glaube nicht, dass)
dis-tu *que …?* (sagst du, dass …?)

Je ***doute*** *qu'il* ***dise*** *toute la vérité.*
Ich bezweifle, dass er die ganze Wahrheit sagt.

Je ***suppose*** *qu'il* ***sache*** *plus de détails.*
Ich vermute, dass er mehr Einzelheiten weiß.

Crois-tu *que ce* ***soit*** *possible?*
Glaubst du, dass das möglich ist?

Je ***n'ai pas dit*** *que tu te* ***sois*** *trompé.*
Ich habe nicht gesagt, dass du dich getäuscht hast.

> Im Französischen steht der *subjonctif* **nicht** in der indirekten Rede.
>
> *Il m'a dit qu'il* ***est*** *fier de son succès.*
> Er hat mir gesagt, dass er auf seinen Erfolg stolz sei.

29 Die Präposition und die Konjunktion *(La préposition et la conjonction)*

Präposition / Konjunktion

- Achtung Falle! Es gibt im Französischen einige Präpositionen und Konjunktionen, die man leicht verwechseln kann.

Präposition (Sie leitet einen Satzteil ein.)	**Konjunktion** (Sie leitet einen Nebensatz ein.)
pendant le *voyage …* während der Reise …	***pendant que*** *mon père était en voyage …* während mein Vater auf Reisen war …
jusqu'à *son retour …* bis zu seiner Rückkehr …	***jusqu'à ce qu'****il retourne …* bis er zurückkommt …
après *la lecture de la lettre …* nach der Lektüre des Briefes …	***après qu'****il avait lu la lettre …* nachdem er den Brief gelesen hatte …
avant *le départ …* vor der Abreise …	***avant que*** *je dise adieu …* bevor ich auf Wiedersehen sage …
depuis *son mariage …* seit ihrer Heirat …	***depuis qu'****elle est mariée …* seitdem sie verheiratet ist …
pour *votre plaisir …* zu Ihrem Vergnügen …	***pour que*** *vous soyez content …* damit Sie zufrieden sind …
sans *le moindre soupçon …* ohne den geringsten Verdacht …	***sans qu'****elle ait remarqué quelque chose …* ohne dass sie etwas bemerkt hätte …

- Beachte: Nach ***jusqu'à ce que***, ***avant que***, ***pour que*** und ***sans que*** steht der ***subjonctif***. (→ Seite 28)

Verbanschlüsse mit Präpositionen – typische Stolpersteine!

aider qn

*J'aide **mon** ami. Je **l'**aide.* .... Ich helfe meine**m** Freund. Ich helfe ihm.

aider qn à faire qc

*Je **l'**aide à préparer son examen.* .... Ich helfe **ihm**, seine Prüfung vorzubereiten.

décider de faire qc

*On a décidé **de** prendre part.* .... Wir haben beschlossen, teilzunehmen.

se décider à faire qc – être décidé à faire qc

*Je me suis décidé **à** prendre part.* .... Ich habe mich entschlossen, teilzunehmen.

demander qc à qn

*Je demande **à** M. Dubois.* .... Ich frage Herrn Dubois.

*Je **lui** demande.* .... Ich frage **ihn**.

demander à qn de faire qc

*Je **lui** demande de participer à la réunion.* .... Ich bitte **ihn**, an der Versammlung teilzunehmen.

discuter de qc

Nous allons discuter **de** la politique. .... Wir werden **über** Politik diskutieren.

parler à qn

*J'ai parlé **à** M. Dubois.* .... Ich habe **mit** Herrn Dubois gesprochen.

parler de qc

*Nous avons parlé **de** son voyage.* .... Wir haben **über** seine Reise gesprochen.

se souvenir de qc – se rappeler qc

*Je me souviens **de** ce voyage.* .... Ich erinnere mich **an** diese Reise.

Je me rappelle tous les détails. .... Ich erinnere mich **an** alle Einzelheiten.

téléphoner à qn

*Je vais téléphoner **à** mon ami.* .... Ich werde **mit** meinem Freund telefonieren.

Amusons-nous …
… pendant que nous sommes jeunes.

30 Der *si*-Satz (*La proposition avec « si »*)

- Der *si*-Satz bezeichnet eine Bedingung.
- Man muss zwei verschiedene Arten von Bedingungen unterscheiden:

reale Bedingungen

Sie können tatsächlich verwirklicht werden

Präsens	Präsens oder Futur
Si tu **veux** *…* Wenn du willst … (Es ist durchaus möglich, dass du es willst.)	*nous* ***ferons*** *la promenade ensemble.* gehen wir zusammen spazieren.
Si on **a** *assez de temps …* Wenn wir genug Zeit haben … (Ich nehme an, dass du tatsächlich Zeit hast.)	*nous* ***allons prendre*** *un café.* werden wir einen Kaffee trinken.

irreale Bedingungen

a) Sie sind nicht zu verwirklichen

Imparfait	Konditional I
*Si j'****étais*** *riche …* Wenn ich reich wäre … (Ich bin aber nicht reich.)	*j'****achèterais*** *une belle moto.* würde ich ein schönes Motorrad kaufen.
*Si j'****étais*** *vous …* Wenn ich Sie wäre … (Ich bin aber nicht an Ihrer Stelle.)	*j'****agirais*** *autrement.* würde ich anders handeln.

b) Sie sind in der Vergangenheit nicht verwirklicht worden

Plusquamperfekt	Konditional II
*Si tu m'****avais appelé*** *…* Wenn du mich gerufen hättest … (Du hast mich aber nicht gerufen.)	*je* ***serais venu*** *tout de suite.* wäre ich sofort gekommen.
Si tu ***étais venu*** *plus tôt …* Wenn du früher gekommen wärst … (Du bist aber nicht früher gekommen.)	*tu* ***aurais rencontré*** *Julie.* hättest du Julie getroffen.

Beachte den Unterschied zwischen ***si*** und ***quand***:
wenn (falls): *si* – wenn (dann wenn): *quand*

Si *c'est possible …* .... Wenn es möglich ist, …
Quand *je le rencontre …* .... Wenn ich ihn treffe, …

Si j'etais magicien …

31 Die Frage *(L'interrogation)*

Es gibt zwei Arten von Fragen

1. Entscheidungsfragen

- Der Fragende erwartet die Antworten: *oui, non, peut-être, bien sûr, si …*

Tu viens ce soir? – Non.
Kommst du heute Abend? – Nein.
Tu restes à la maison? – Oui.
Bleibst du zu Hause? – Ja.

2. Ergänzungsfragen

- Der Fragende erwartet eine Auskunft.

Pourquoi? – Parce que je suis fatigué.
Warum? – Weil ich müde bin.

- Ergänzungsfragen werden eingeleitet durch:

Qui …?	Wer …? Wen …?	*Qui a téléphoné?* – Wer hat angerufen?
Que …?	Was …?	*Que dis-tu?* – Was sagst du?
Quoi …?	Was?	
Quel …?	Welcher …?	*Quel livre?* – Welches Buch?
Quelle …?	Welche …?	*Quelle lettre?* – Welcher Brief?
Quels …?	Welche …?	*Quels livres cherches-tu?* – Welche Bücher suchst du?
Quelles …?	Welche …?	*Quelles lettres as-tu lues?* – Welche Briefe hast du gelesen?
Pourquoi …?	Warum …?	*Pourquoi ris-tu?* – Warum lachst du?
Quand …?	Wann …?	*Quand arrivera-t-il?* – Wann kommt er an?
Comment …?	Wie …?	*Comment vas-tu?* – Wie geht es dir?
Où …?	Wo …? Wohin …?	*Où vas-tu?* – Wohin gehst du?

Es gibt drei Möglichkeiten, eine Frage zu formulieren

1. Aussagesatz als Fragesatz

- **Entscheidungsfrage:** Jeder Aussagesatz kann auch als Fragesatz gebraucht werden.

Patrick est venu tout seul? – Oui.
Patrick ist alleine gekommen? – Ja.
Lara va venir plus tard? – Oui.
Lara wird später kommen? – Ja.

- **Ergänzungsfrage:** Beim Sprechen geht das auch bei Ergänzungsfragen.

Elle va venir quand?
Sie wird wann kommen?

2. Umschreibung mit *est-ce*

- **Entscheidungsfrage**

***Est-ce que** Patrick est venu tout seul? – Oui.*
Ist Patrick ganz alleine gekommen? – Ja.

- **Ergänzungsfrage**

*Quand **est-ce que** Lara va venir?*
Wann wird Lara kommen?

3. Inversion

„Inversion" bedeutet, dass das Prädikat vor dem Subjekt steht.

- **Entscheidungsfrage**

*Patrick, **est-il** venu tout seul? – Oui.*
Ist Patrick ganz alleine gekommen? – Ja.

- **Ergänzungsfrage**

*Que **dis-tu**?* – Was sagst du?
*Quand **viendra-t-elle**?*
Wann wird sie kommen?

Bei der Inversion wird in der 3. Person Singular ein *t* eingeschoben, wenn die Verbform nicht schon auf *-t* endet.
*Où va-**t**-il? Où est-il? Que cherche-t-elle?*

32 Die Verneinung und die Einschränkung *(La négation et la restriction)*

Verneinung

▸ *ne … pas*	nicht	*Julie* ***ne*** *vient* ***pas****.*	Julia kommt nicht.
▸ *ne … pas encore*	noch nicht	*Elle* ***n'****est* ***pas*** *venue.*	Sie ist nicht gekommen.
▸ *ne … pas non plus*	auch nicht	*Elle* ***n'****a* ***pas*** *téléphoné.*	Sie hat nicht telefoniert.
▸ *ne … pas du tout*	überhaupt nicht	*Je* ***ne*** *l'ai* ***pas*** *vue.*	Ich habe sie nicht gesehen.
▸ *ne … plus*	nicht mehr	*Je* ***ne*** *l'attends* ***plus****.*	Ich erwarte sie nicht mehr.
		Elle ***ne*** *viendra* ***plus****.*	Sie kommt nicht mehr.
▸ *ne … jamais*	niemals	*Je* ***n'****ai* ***jamais*** *dit cela.*	Ich habe das niemals gesagt.
		Jamais*, je* ***ne*** *l'ai dit.*	Niemals habe ich das gesagt.
▸ *personne ne …*	niemand (Subjekt)	***Personne n'****a téléphoné.*	Niemand hat angerufen.
▸ *ne … personne*	niemand (Objekt)	*Je* ***n'****ai parlé à* ***personne****.*	Ich habe mit niemandem gesprochen.
		Non, je ***ne*** *connais* ***personne****.*	Nein, ich kenne niemanden.
		Personne.	Niemand.
▸ *rien ne …*	nichts (Subjekt)	***Rien ne*** *te plaît.*	Nichts gefällt dir.
▸ *ne … rien*	nichts (Objekt)	*Tu* ***ne*** *veux* ***rien****?*	Willst du nichts?
		Rien *du tout?*	Überhaupt nichts?
▸ *aucun(e) ne …*	kein … (Subjekt)	*Je* ***n'****ai fait* ***aucune*** *faute.*	Ich habe keinen Fehler gemacht.
▸ *ne … aucun(e)*	kein … (Objekt)	*Sans* ***aucun*** *doute.*	Ohne jeden Zweifel.

Einschränkung

▸ *seul, seule*	nur (Das Subjekt wird eingeschränkt.)	*Julie* ***seule*** *n'est pas venue.*	Nur Julia ist nicht gekommen.
		Elle ***seule*** *était absente.*	Nur sie war abwesend.
▸ *seulement*	nur (Ein anderer Satzteil wird eingeschränkt.)	*On an* ***seulement*** *une chance.* ↘	Wir haben nur eine Chance.
ne … que		*On* ***n'****a* ***qu'****une chance.* ↗	

33 Stichwortverzeichnis